AF449775

RENACER DESDE EL OCASO

ExLibric

JOSÉ DE VICENTE GARCÍA

RENACER DESDE EL OCASO

EXLIBRIC

ANTEQUERA 2022

JOSÉ DE VICENTE GARCÍA

RENACER DESDE EL OCASO

«Palabras para quien simplemente quiera oír;
reflexiones para quien pretenda escuchar».
(El autor)

En homenaje y
«recuerdo a tantos otros
que se han ido sin calzarse
sus zapatos,
sin hacer ruido,
sin consuelo, mirada o mano
de sus seres amados».
(Poema «Aputos»)

Índice

Introducción

«No hay mal que por bien no venga». Los renglones que componen este libro, a modo de poemario, dan prueba de ello.

El 2 de abril de 2020, al inicio de la primera ola de la pandemia por covid en España, ingresé en el hospital, diagnosticado de coronavirus. Ese día se batió el récord de fallecidos en nuestro país. Yo, sólo por la edad, tenía bastantes papeletas para engrosar esa cifra.

Como es de imaginar, mi primera noche de hospital se me hizo muy larga y, por qué no decirlo, mi ánimo era pesimista, asaltándome la gran duda de si ganaría esa batalla o me vencería el bichito. En esas circunstancias, echaba la vista atrás, como queriendo visionar pasajes o fotogramas de la película de mi vida; a modo de examen final de mi propia existencia y del legado que dejaba en ella.

De nuevo, me surgía un segundo interrogante: ¿estaba satisfecho con el papel que me había tocado interpretar en el teatro de mi vida? Como Shakespeare en *Hamlet,* me asediaba la cuestión del «ser o no ser».

Tras una larga meditación, la respuesta no podía ser muy optimista ni satisfactoria. Ello se refleja en los versos de mi poema «Renacer»: "quiero volver al ser/ y desterrar el estar/ que me tenía tan ocupado".

En ese momento comprendí que, entre muchas de las cosas que me había dejado en el tintero, nunca mejor dicho, estaba la de escribir, que desde joven había creído formaba parte de mis pasiones y mis gustos. Sin embargo, el «estar» me había tenido tan ocupado, que siempre encontraba argumentos para posponer mi afición por la literatura en general y la poesía en especial.

De esas reflexiones surgió mi firme propósito de que, si salía victorioso en mi contienda con el maligno virus, me pondría cuanto antes manos a la obra. Fruto de esa determinación y de su fiel cumplimiento nace este libro, mi primera obra literario-poética, ya que hasta ahora solo había publicado escritos y ensayos de contenido jurídico, propios de mi profesión.

Quiero que este poemario sirva de homenaje y de "recuerdo a tantos otros/ que se han ido sin calzarse/ sus zapatos;/ sin hacer ruido,/ sin consuelo, mirada o mano/ de sus seres amados;/ meros números de frías estadísticas,/ reseñas de periódicos/ de noticiarios diarios." (Poema «Aputos»).

El poemario se estructura en tres partes: en la primera, «Renacer», se recogen poemas que tienen que ver con la idea expresada antes, de volver al ser y desterrar el estar (Poema «Renacer»).

La pretensión de "recuperar el sens de la poesía/ el rol del poeta/ mensaje del *élan* vital/ envuelto en un pentagrama de colores/ que libera/ las almas de los mortales/ de su rutina existencial/ las transporta/ en un viaje interior/ hacia los sueños de sus vidas/ y las hace partícipes/ de su propia sinfonía." (Poema «El sens de la poesía»).

Un intento de conceptuar lo que es la poesía, con versos como "poesía es/ la tinta que fluye/ de la pluma del escritor/ para conversar con sus lectores./ La voz desgarrada del poeta/ para que alguien le escuche./ La obsesión del artista/ por inmortalizar/ el legado de su existencia./ Poesía es/ la vida misma/ cantada en verso." (Poema «Qué es poesía»).

La segunda parte, «Desde el ocaso», conecta con "aquellos que sueñan con una nueva primavera en otoño y desean retrasar el invierno lo más posible en las estaciones de la vida" (dedicatoria de Pascal Bruckner en su libro *Un instante eterno. Filosofía de la longevidad),* en contraposición con los que piensan que el envejecimiento es estar bajo arresto domiciliario en el calendario de nuestra vida.

Contiene poemas como «Partitura de versos sueltos desde el ocaso»: "De súbito,/ me vi en el ocaso de la vida,/ cual Segismundo, el calderoniano;/ y siguiendo los cánones aristotélicos/ comprendí/ que el ocaso es la cúspide/ de la sabiduría,/ la belleza de la madurez,/ donde la relatividad se viste/ con sus mejores galas,/ la paleta de colores/ se torna en arco iris,/ lo efímero se desvanece,/ los minutos se saborean,/ los ismos se mandan a paseo,/ y un chute del paciente Job/ nos inocula cada día."

El poema «No quiero ser mayor»: "Próximo al ocaso,/ consciente/ de que esta vida/ es un valle de dolor,/ siente/ el profundo deseo/ de recitar esos versos:/ 'Yo me planto, no quiero ser mayor'.

«Los abuelos», con versos como: "Siento profunda pena/ cuando esos sabios,/ disfrazados por la ignorancia/ son abandonados a su suerte,/ como trastos viejos/ arrumbados en el desván;/ relegados, incomprendidos/ por una sociedad hedonista e insolidaria./ Hoy quiero alzar mi voz:/ lo importante no es la edad,/ sino el uso que de ella hagamos/. ¡Es tan corto este viaje!".

«Desde la otra orilla»: "En esta mi orilla/ 'se es'/ no 'se está', ni 'se tiene',/ se trasciende/ cerca de la divinidad;/ todo en permanente luz,/ gozo y paz".

La tercera parte, «Personas y lugares», está dedicada a seres muy queridos y lugares relevantes en la vida del autor.

El poema «Para Geli», dedicado a mi querida esposa: "Tú, amada Geli,/ me haces ser mejor./ Eres la musa /que inspira hasta mis pensamientos;/ la madre/ de mis dos hermosos vástagos/ por los que darías hasta tu propia vida".

«La niña de mis ojos», ante la buena nueva de la inminente llegada a este mundo de Helena, mi primera nieta.

«El abuelo Manuel», en referencia a mi abuelo materno: "Como maestro de ceremonia/ me relatas historias,/ experiencias vitales,/ y yo,/ inexperto adolescente,/ embriagado por tu verbo/ me transporto a otros tiempos/ y lugares,/ como si de una fábula se tratase".

«Pronto Federico», a la muerte de mi paisano y buen amigo Federico Sánchez.

«A Sayalonga, mi pueblo», escrito con motivo de la distinción "Níspero de oro", que me fue otorgada por el Ayuntamiento de Sayalonga el 4 de mayo de 2014, en la XXX edición del Día del Níspero.

El poema «Al Seminario», como testimonio personal en el "Homenaje y entrega de la Medalla de Oro de Sínesis al Seminario de Málaga", en diciembre de 2001.

Y «Málaga, mi ciudad»: "Pedacito de mar y tierra/ ungido por los dioses,/ mimado por la madre naturaleza;/ te pavoneas ¡tú, Málaga!/ cual paloma picassiana,/ alzando las alas al cielo/ pregonando tanta belleza".

A continuación, relato lo que denomino «Sensaciones de un contagiado por coronavirus», escrito días después de mi alta hospitalaria.

Sensaciones de un contagiado por coronavirus

Después de varios días en casa, sintiendo y padeciendo los síntomas propios del coronavirus, el jueves 2 de abril de 2020 decido, ¡bendita decisión!, ir al hospital. Por desgracia, todas las pruebas confirman que soy positivo en covid-19.

Me suben a la primera planta, habitación número 115; la típica fría habitación de hospital, con una camita en el centro y su cabecera pertrechada de unos aparatos y tubos colgantes, para oxígeno y demás instrumental apropiado para poder usar, llegado el caso. Esto, por un lado, me daba seguridad, pero, por otro, me daba yuyo, al pensar que en cualquier momento se me podría aplicar.

Esa misma noche comienzan a administrarme un combinado de Dolquine, específico para la malaria, y Azitromicina, un antibiótico muy potente. Me vienen a la mente las palabras de mi sobrina médico cuando me refirió que ese medicamento era el que se estaba aplicando, aunque no todos los pacientes reaccionaban convenientemente al mismo.

Eran las 23:00 horas. Me enfrentaba en solitario a mi primera noche de hospital y sospechaba que se me iba a hacer muy larga. Permanecí sentado en una silla durante un par de horas hasta que, agotado, decidí recostarme en la cama; no encontraba la postura adecuada, ya que en todas me daba la sensación de que me iba a faltar el aire para respirar.

En mi pecho presentía que se estaba librando la gran batalla entre el dichoso virus y los medicamentos que había ingerido. Entonces, me asaltó la gran duda: ¿ganaré o me vencerá el bichito? Recodaba que ese día en España se había alcanzado el número más alto de fallecidos, cerca del millar.

Un sudor frío recorre todo mi cuerpo y la fiebre no cesa… Desde ese momento, lo único que recuerdo, ya en un estado de consciencia o tal vez de inconsciencia, es que empiezo a visionar los principales pasajes o fotogramas de mi historia vital, como si se tratara de una película desde mi más tierna infancia hasta la actualidad.

Presiento que me estoy agobiando y, dejándome llevar por un pesimismo irracional, intento por ello sobreponerme y tranquilizarme, acudiendo a mi propia personalidad y carácter, que he ido moldeando a través de esta mi historia: como exseminarista, echando mano de mi formación, de mis vivencias espirituales y religiosas; como militar, buscando la fortaleza y disciplina, propias de la institución castrense, y como juez, esperando una sentencia absolutoria, con fundamento en los hechos y acciones que engalanan mi trayectoria vital.

Pensar que ahí fuera me necesitaban y me esperaban tantas personas queridas (mi esposa, mis hijos, mi familia, mis amigos, compañeros…) sería mi fuerza motriz, mi gran obsesión para lograr la victoria, propósito en el que me iba mi propia vida; si no lo conseguía, pasaría a engrosar la fría estadística de fallecidos por coronavirus. Así de lacónico, así de real.

El sexto día, la doctora Victoria, bella por dentro y por fuera, me trae el último parte de guerra que confirma el alta hospitalaria; mi carta de libertad, el pasaporte de nuevo a la vida.

¡Me iba a volver loco de alegría por haber conseguido mi propósito!: seguir viviendo, y también, por qué no, por la rabia contenida por los sufrimientos y dramas de otros, por denunciar y exigir responsabilidades; loco por tanto…

Ya en casa, a pesar de permanecer confinado por prescripción médica durante dos semanas para preservar la salud de mi familia, me considero la persona más libre y feliz del mundo. Paso los días entre mi música y mis lecturas favoritas. Vibra mi piel y se eleva mi espíritu cuando oigo los acordes de la canción de Antonio Orozco, *Mi héroe,* y recito los versos de un bello poema de Mario Benedetti:

> «Cuando la tormenta pase
> y se amansen los caminos
> y seamos sobrevivientes
> de un naufragio colectivo
> [...]»

Escribo estas líneas para expresar mi inmensa gratitud hacia tantos héroes anónimos que se juegan su vida para salvar la de los demás, en esta guerra sin cuartel, amén de sin apoyo logístico y escasa intendencia. Como en la derrota de la Armada Invencible, «estamos mandando a nuestros barcos y marinos a luchar contra los elementos».

Por último, sea este mi homenaje a tantos miles de españoles que cada día incrementan la estadística de fallecidos por coronavirus; a aquellos que en el momento de su muerte no han hallado el consuelo, la mirada, la mano de sus seres queridos; a aquellos que se han ido sin hacer ruido y sin poder ser despedidos dignamente.

¡Que nunca olvidemos estos amargos momentos! ¡Que la muerte y el sufrimiento de tantos no hayan sido en balde![1]

El poema «Aputos», que reseño a continuación, sintetiza y expresa de una forma lírica el relato que antecede, inspirado en un suceso que aconteció durante una tarde de verano en una playa gallega, que tiene por protagonista a un niño de no más de dos años: mi hijo José Luis.

«Aputos»,
palabro que no hallarás
en ningún diccionario,
mas continúa leyendo
si te interesa su significado.

Primeros tiempos de pandemia
covidiana,
habitación 115,
hospital malacitano,
solo,
aislado cual apestado,

---

[1]   Un resumen de dicho relato fue publicado en el prestigioso periódico *La Opinión de Málaga,* bajo el título «Sensaciones de un contagiado», el día 21 de abril de 2020, al que desde aquí agradezco dicha deferencia

con pronóstico más que reservado,
abandonado a la suerte
de ese bicho inhumano.

¡Vaya trago más amargo!

En estado de semiinconsciencia,
cual *brainstorming*,
visiono fotogramas
de tiempos pasados.

Un sudor frío por mi cuerpo,
abatido y cansado,
predice la batalla que estoy librando
contra un enemigo
que, con nocturnidad y alevosía,
quiere arrebatarme lo más preciado.

¿Venceré o seré derrotado
por ese asesino de guante blanco?
Al clarecer el alba,
al trasluz de la ventana,
diviso en el suelo
mis zapatos;
de repente, rememoro un vocablo
muy lejano,
y alzando mi poca voz, exclamo:
«Aputos».
Como Camarón en su canto más hondo,

en la noche sonó un quejido
desgarrado.

Mas ¿por qué esa palabra?
¿Qué significado encierra
ese ignoto vocablo?
Si quieres descifrar ese enigma,
continúa el relato.

Ha ya muchos años,
plácida tarde de verano,
playa gallega,
de esas con encanto,
un niño,
de no más de dos años,
jugaba en la arena a aprendiz
de ingeniero
con su palita y cubo blanco.

Pese a la fama de su clima,
lucía un día radiante,
el sol derrochaba su energía
sin nubarrón alguno en el horizonte.
Ya el abuelo presagió:
«El verano cayó en sábado».

De pronto, el cielo se tornó
en negro luto,
la nítida luz del día devino

en noche oscura,
el mar comenzó a rugir
desesperado,
los humanos corrían,
como pájaros en desbandada,
huyendo de un enemigo
inesperado.

El pequeño, señalando fijamente
sus zapatitos,
con voz rotunda y desgarrada,
cual tenor en el escenario, gritó:
«Aputos».

Desde ese instante,
el palabro se dotó de significado,
tabla de salvación del surfista
en peligro,
o la del náufrago en la mar,
abandonado,
que se aferra a la vida
ante un peligro insospechado.

Ahora, de ese virus ya liberado,
recuerdo a tantos otros
que se han ido sin calzarse
sus zapatos;
sin hacer ruido,
sin consuelo, mirada o mano

de sus seres amados;
meros números de frías estadísticas,
reseñas de periódicos,
de noticiarios diarios.

Apenado, contrariado,
de nuevo he clamado:
«Aputos».
Mas esa palabra polisémica
ha cambiado.
Ahora entona la rabia, el desenfado,
la denuncia por este cosmos
tan inhumano.

«¡Basta ya! Aputos!».
¿Comprendes ahora sus significados?
Su inventor, un infante
de no más de dos años.

Por último, reseñar que con esta obra pretendo invitar a reflexionar a quien desee escuchar.

He utilizado expresiones literarias sencillas, sin vocablos abigarrados, mas no sin «adornar mis letras de un relato valiente y desenfadado, que no deje indiferente al lector menos avezado, con el propósito de liberarlo de su rutina existencial y transportarlo hacia los sueños de su vida." (Poema «El sens de la poesía»).

PARTE I

«RENACER»

RENACER

Como rosa de otoño,
mustia y acomplejada,
así me siento yo ahora,
tras largas primaveras.

He vagado mucho tiempo
ciego, mudo, maniatado;
ya es hora de revivir
con la libertad del ocaso,
como diría Kjell Espmark,
un poeta por mí apreciado.

Ahora quiero ver
toda la gama de colores,
hasta el azul añil
del arco iris,
tras la tormenta de verano.

Quiero vociferar,
alzar mi voz
contra las injusticias
de este mundo tan liviano,
poner blanco sobre negro
en los versos
de este poeta desenfadado.

Quiero soltar las ataduras
que me mantenían encadenado,
tejer lazos de amistad y amor
en lo que era odio inhumano.

Quiero volver al «ser»
y desterrar el «estar»
que me tenía tan ocupado.

Quiero…
por querer quiero
renacer de las cenizas,
volver a darle vida
a este ser desamparado
y glosar de nuevo aquellos versos
para mí olvidados.

EL *SENS* DE LA POESÍA

Hoy quiero implorar
la inspiración
del pintor en su lienzo,
del músico en la partitura,
para adornar mis letras
de un relato valiente y desenfadado,
que no deje indiferente
al lector menos avezado.
Quiero que vea reflejado
en mis versos
el océano de su vida.

Quiero recuperar
el *sens* de la poesía,
el rol del poeta,
mensaje del *élan* vital
envuelto en un pentagrama de colores,
que libera
las almas de los mortales
de su rutina existencial,
las transporta
en un viaje interior
hacia los sueños de sus vidas
y las hace partícipes
de su propia sinfonía.

EL PERFUME

Flores *esmagadas* en una probeta
convertidas en magia celestial.
Arte y ciencia
hermanados en un propósito sublime.

Diminutas gotas de lluvia,
al alba.
Torrente de olores,
a jazmín y romero,
que enamoran los corazones.

Piel que rebosa sensualidad
al tacto de los amantes.

¡Eso eres tú!

Complemento corporal imprescindible
que transforma el humano olor
en fragancia de los dioses.

Regalo perfecto para enamorados.

Musa e inspiración
de escritores, poetas y cinéfilos.

Vivencias embotelladas
que nos transportan al infinito.

Cascada de emociones y colores
que alimentan el alma.

«Priya», mi rosa de mayo

Por el mes de las flores,
testigo fui de una aparición
cuasi mariana
en el jardín de mis deseos.

Apareciste sin previo aviso,
y tu presencia,
cual hermosa rosa,
erguida sobre el tallo de la planta,
inundó toda la estancia
de olores y colores jamás apreciados.

El cálido calor primaveral
tornó tu color claro
en rojo púrpura,
hasta que te despojaste de tu atuendo
para alcanzar un tono anaranjado.

Las otras flores del jardín,
celosas por tu presencia,
parecían mustias y acomplejadas.

De súbito, comenzaron a sonar
unas notas musicales
de saxo y piano,
cual huéspedes invitados

a un cortejo inesperado.
Yo, inexperto jardinero,
atrapado por tanta hermosura,
quería ser partícipe
de ese festival floral,
y sentí celos por las lascivas miradas
de los rojos claveles.

Mientras saboreabas
el néctar de tu flor,
te ofrecí un brindis,
alzando mi copa de vino.

Nos miramos, sonreímos
sin pronunciar palabra alguna;
nuestros corazones se tocaron
y percibí tus caricias por mi piel.

Quise expresar mis sentimientos,
mas no hallé verbo adecuado.

«Si fuera pintor», pensé,
hubiese plasmado ese instante
en un hermoso cuadro
que lo inmortalizase.
Al caer la tarde,
sin tiempo para marchitarte,
de repente, sin un hasta luego,
te esfumaste de mi jardín.

Por un momento recordé
el bello poema gongorino:
«Ayer naciste, y morirás mañana.
Para tan breve ser, ¿quién te dio vida?».

Me resistí a tal fatalidad;
te busqué hasta el infinito,
pero no hallé tu mirada,
solo la nada.

Mi mundo enmudeció,
se apagó la luz del candil,
sentí escalofríos
añorando tu ausencia.
Huérfano y abandonado advertí:
«¡Serás mi musa!;
¡te seguiré idolatrando!».

Te marchaste sin conocer
siquiera tu nombre.
¡No podías permanecer
en el anonimato!
¡Necesitaba darte una identidad!
Y te bauticé como «Priya»,
la protagonista de *Las rosas de mayo*.

TIEMPOS DIFÍCILES

«Son tiempos difíciles,
tiempos revueltos».
La historia de la humanidad
está preñada de frases
lapidarias y reiterativas
como estas.

Cinco generaciones
en menos de un siglo,
cual caballos cabalgando
entre arenas movedizas,
van a ser tocadas
en las ruletas de sus vidas,
alterando su paz social y personal.

La generación de nuestros abuelos,
en bandos distintos enfrentados
en una guerra fratricida.

Nuestros padres,
padeciendo penalidades y penurias
en la posguerra.

Mi generación,
testigo activo
del cambio político.

Nuestros hijos,
envueltos en crisis
económicas, de identidad,
enfermedades desconocidas,
tránsito de lo analógico a lo digital.

Nuestros nietos
tendrán que vérselas con la robótica,
ingeniería genética, guerra biológica
y quién sabe más…

¿Por qué tanto maleficio?
¿Por qué esos vaivenes de la historia
que pareciese que Lucifer
o la perfidia del hombre
se hubiese cebado sobre la humanidad?
Panta rei,
en román paladino «todo fluye»,
«todo está en cambio permanente».
¿Será la respuesta?

La callada noche precede al ruidoso día;
a una jornada soleada, sucede una borrascosa;
a la mar en calma, el mar bravío;
a la paz, la guerra;
al amor, el odio;
a la buenaventura, el infortunio.

Ya el poeta había relatado:
«Nuestras vidas son los ríos
que van a dar en la mar»;
ríos en permanente cambio,
ora revueltos, ora en sosiego;
la destreza del timonel
para poner rumbo a su destino
sin fenecer en la adversidad
será lo esencial en su devenir vital.

Asumir el cambio
como parte de nuestra vida,
de forma positiva, decidida,
se convertirá en antídoto
que mute los «tiempos difíciles»
por «nuestros tiempos»,
los que nos ha tocado lidiar;
tiempos de quietud o de zozobra,
a la postre, nuestras vidas
que van a dar a la mar.

VIDA Y MUERTE

Vida,
suspiro, soplo pasajero,
como la rapidez de las nubes
recorriendo el firmamento.
Muerte,
eternidad, destino desconocido.

Vida,
gota de lluvia fresca primaveral;
canto del gallo al amanecer.
Muerte,
borrasca profunda en el horizonte
sin saber cuándo descargará;
sombra en noche de luna nueva
de la estación invernal.

Vida,
sonrisa del niño
ante las caricias de la madre.
Muerte,
llanto del desvalido
por las heridas del alma.

Vida y muerte,
muerte y vida,
dos escenarios antagónicos,

cual gladiadores enfrentados
en una batalla desigual.

¡Oh, vida!,
como estrella fugaz,
te imploro me ilumines
en el tránsito final.

¡Tú, muerte!,
fracaso permanente del ser,
aún puedes esperar.

¿QUÉ ES POESÍA?

«¿Y tú me lo preguntas?»,
reza la rima becqueriana.
«Poesía… eres tú».

El canto del gallo
en comunión
con el colorido crepuscular,
al alba.

La felicidad de unos padres
en el nacimiento de su hijo.
La madre
amamantando a su retoño,
tarareándole una nana,
mientras mece su cuna.

La mirada cómplice
de los enamorados.
El primer beso del adolescente
a la persona que ama.
Las caricias de la amada
a cambio de nada.
La armonía de los cuerpos
y los susurros al oído,
haciendo el amor.

Poesía es
la elocuencia del loco
en un momento de lucidez.

La historia del abuelo
contada por su nieto.

El ritmo de la orquesta
al son de la batuta del director.
Notas sueltas de un pentagrama
que conforman la partitura
de las más bellas de las sinfonías.

Poesía es
verbo impreso
en una servilleta del bar,
en un momento de inspiración.

La historia carcomida por el tiempo,
jamás contada, por pudor,
escrita en el ocaso de la vida.

Ficción hecha realidad
y esta disfrazada de ficción.
La musa del pintor
plasmada en su lienzo favorito.
Lluvia fresca,
cual maná
que alimenta campos sedientos
en una tarde de verano.

Hojas secas caídas del árbol,
convertidas en papel,
preñado de bellas palabras.

Poesía es
la tinta que fluye
de la pluma del escritor
para conversar con sus lectores.
La voz desgarrada del poeta
para que alguien le escuche.
La obsesión del artista
por inmortalizar
el legado de su existencia.

Poesía es
la vida misma
cantada en verso.

LAS CUATRO ESTACIONES DE VIVALDI

Anoche soñé
que me encontraba
en la Casa de la Música;
la Orquesta Filarmónica de Viena
interpretaba *Las cuatro estaciones*
de Vivaldi;
mi pluma se fundía en su partitura
en perfecto maridaje
entre mis versos y su música.

I. PRIMAVERA

A veces te haces de rogar,
mas llegando
las primeras lluvias de abril,
la atmósfera respira fragancia,
savia joven y nueva.

Los campos se visten de etiqueta,
de flores multicolor:
cerezos, almendros blancos,
trigales verdes, blancas margaritas,
rosas rojas…
Por algo tu mayo

es el mes de las flores,
cuando le cantamos
a nuestra Madre y Señora.

Los animales salen
de su letargo invernal;
se escuchan alegres melodías
interpretadas por pardos ruiseñores.

Los humanos se contagian
de la luz, color
y calidez de la naturaleza;
florecen los sentidos,
se disparan las hormonas;
renacemos al amor, a la vida.

Los violines de Vivaldi
inmortalizaron tu esencia;
yo, como Lorca,
no puedo decir, aunque quisiera,
el secreto de la primavera;
mas, sin que nadie lo oiga,
confesaré que para mí
eres la primera.

II. VERANO

De fiesta,
entre risas y saltos

en las hogueras de San Juan,
comienzas tu andadura,
cuando los días se alargan
y las noches merman.

Arrecia el calor,
se hace insoportable;
pareciera que el sol se desprendiera
de su mascarilla anticovid,
lanzando lenguas de fuego,
ríos de lava arrojados
por volcanes incandescentes.

En ese instante resuena,
cual banda sonora,
el estridular de las cigarras
dorando las mieses,
madurando las uvas pasas.

Son días de ocio, vacaciones,
pero también
de torrenciales tormentas,
de incendios forestales.
Mas, como Shakespeare, pienso
que el verano es sinónimo de belleza,
de mar, de luz, de sensibilidad,
donde los besos saben a fresa
y el mundo se detiene
entre las playas de Málaga y Marbella.

III. OTOÑO

Época de contrastes,
de menos luces y más sombras;
desciende la temperatura,
el viento arrecia.

Días más cortos,
la luz natural se acuesta antes
y la oscuridad es más madrugadora.

Plantas y árboles ven perder sus hojas
a la espera de otros tiempos
en que se fortalezcan.

Los animales migran,
poniendo rumbo hacia parajes
más confortables, hasta que vuelvan.

Los cuerpos pierden sus defensas,
propensos a virus y bacterias;
las hormonas se descontrolan,
la depresión aumenta.

También es tiempo
de recolección de cosechas:
naranjas, manzanas,
aguacates, frutos secos…
¡Y qué decir de las borracheras

del licor del dios Baco, orquestadas
con acordes de violines,
violonchelos, contrabajos
y demás instrumentos de cuerda!

La campiña se engalana
con vestidos ocres, amarillos,
rojos, marrones, violetas…

Y será por el efecto de la aurora boreal,
que las personas en otoño
se enamoran más.

IV. INVIERNO

Con la llegada de los primeros copos helados,
maná para juegos de pequeños y mayores,
inicias tu periplo estacional.

El goteo incesante
de una lluvia glacial
espesa cada vez más la nieve,
convirtiendo la plaza del pueblo
en un manto blanco, donde patinar.

Por las montañas blanqueadas
los niños divisan un trineo mágico
tirado por seis renos,
cargado de juguetes,

y las figuras de Papá Noel y Santa Claus;
es el preludio de la Navidad.

Caldea el ambiente
la magia de un solo de violín,
que se deja escuchar
tras los árboles plateados del bosque,
pero que no sabría ubicar.

Las gélidas temperaturas
confinan las plantas
a un largo reposo invernal;
los animales aletargados
no se atreven a salir de sus guaridas,
y los racionales se refugian
al calor del fuego del hogar,
cantando villancicos,
degustando turrones y mazapán.

PARTE II

«DESDE EL OCASO»

PARTITURA DE VERSOS SUELTOS DESDE EL OCASO

Ahora, desde el ocaso,
me siento fiel testigo
de mis recuerdos más lejanos,
me inspiran y trasladan a los sueños
de mi vida,
deseando detener mi tiempo escaso;
que los versos broten sin prisas,
en sigilo,
como queriendo inmortalizarlos
antes que los pájaros levanten
el vuelo.

En mis sueños,
de mis nietos rodeado,
cual filósofo de la vida,
pretendo dar respuesta
a preguntas insospechadas
sobre mis miedos,
risas y llantos,
amores y desengaños.

Estampas de mi infancia
carcomidas por el tiempo,
repletas de admiración

y orgullo,
de nostalgia, felicidad
y mucho amor.

Les participo
de mis largas tertulias
con el abuelo Manuel,
cubierto
con su sombrero negro,
intentando esconder sus mechas
de cabello blanco,
y con un chatito de vino
en sus manos.

¡Cuánta sabiduría desprendía
ese hombre nonagenario!,
que sin pasar por la escuela
era maestro de tanto,
máster de la vida, doctorado
cum laude.

Arquetipo de una generación
de héroes,
de mujeres y hombres valientes
a los que debemos tanto.

Los pequeños seguían
con preguntas y repreguntas.
Por un momento, dudé

que estuviera
soñando;
en el espejo de la habitación
se reflejó mi rostro,
de poblada barba
blanca
y cabellera de pelo
grisáceo.

De súbito,
me vi en el ocaso de la vida,
cual Segismundo, el calderoniano,
y siguiendo los cánones aristotélicos,
comprendí
que el ocaso es la cúspide
de la sabiduría,
la belleza de la madurez,
donde la relatividad se viste
con sus mejores galas,
la paleta de colores
se torna en arco iris,
lo efímero se desvanece,
los minutos se saborean,
los «ismos» se mandan a paseo,
y un chute del paciente Job
nos inocula cada día.

Ahora,
te imploro, ocaso,

derroche de luces, beso de colores
donde la mar y el cielo,
como dos enamorados,
se profesan su amor cada día,
no me abandones como al sol
en su agonía;
escóndeme
entre tus últimos destellos,
y antes que el crepúsculo
nos traslade al infinito,
permíteme quedar en paz
con propios y extraños,
y gozar de una eterna sinfonía,
como colofón de esta partitura.

AÑORANZA

Hojas caducas de otoño
arrastradas por el viento.

Pensamientos vacíos,
que van a dar al mar.

Amores imaginarios
no consumados.

Caricias de enamorados
arrebatadas por la distancia.

Orgasmos abandonados
por la impaciencia.

Sueños frustrados
por la realidad.

Inacción
por el qué dirán.

Horas hurtadas al reloj
en cosas superfluas.

Agua del arroyuelo
que va a ninguna parte.

Batallas perdidas
por falta de valor.

Nostalgia del escaso tiempo
compartido con los padres.

Besos extraviados
añorados en el ocaso.

Versos del poeta
olvidados por el tiempo.

NO QUIERO SER MAYOR

Resuenan en mi mente
unos versos
declamados por un niño
en su estancia en el seminario,
cuya autoría aún desconoce:

«Si es cierto que en la vida
se sufre tanto, tanto;
si es cierto que esta vida
es un valle de dolor,
entonces,
yo me planto,
no quiero ser mayor».

Desde ese instante,
cual perverso maleficio,
ese niño quedó atrapado
en su cuerpo de infante.

Los compañeros crecían
en función de su edad,
mientras él permanecía
congelado en su estatura,
por lo que le llamaron
«Meñi» (de meñique).
Y así, durante su pubertad,

hasta que en sus años
universitarios,
alcanzó su estado normal.
Congratulado, comprendió
que ese hechizo
le había abandonado,
que había sido indultado
de su declaración poética.

Hoy, ese niño ya mayor,
con pelo canoso
y barba blanca,
rememora ese pasaje
y siente nostalgia
de ese tiempo vital.
Próximo al ocaso,
consciente
de que esta vida
es un valle de dolor,
siente
el profundo deseo
de recitar esos versos:
«Yo me planto, no quiero ser mayor».

LOS ABUELOS

Se les ve con un caminar
pausado,
como si marcharan
hacia ninguna parte,
mas se dirigen
a su propio destino,
sin prisas, sin aspavientos.

En invierno,
en la recachita de la plaza del pueblo;
en verano,
cobijados bajo la sombra
de los árboles centenarios de la Alameda.

A la salida del colegio,
aguardando al nieto del alma,
cual matador en la puerta de toriles
esperando al astado.

En el ocaso,
antes que los pequeños
sean derrotados por el sueño,
contándoles bellas historias,
vivencias personales
edulcoradas con tintes de ficción.
Momento sublime

en que el «niño mayor»
se contagia por la magia,
por la fantasía de los menores
y estos, embelesados
se meten en la piel del abuelo,
convergiendo en una simbiosis
que los unirá como cordón umbilical.

Mas esa relación
no tiene el mismo reflejo
en esta sociedad tan impersonal,
en la que la medida del tiempo
no es homogénea.

Niego rotundamente
frases impostoras:
«A los abuelos se les ha parado
el reloj de su tiempo;
están caducos, desfasados,
ya no tienen nada que aportar».

Me zumban los oídos
y me sangra el alma
al oír rumores despectivos
hacia abuelos y mayores.
¡Quién osa medir el tiempo!
La muerte,
a veces caprichosa,
es la única que pone fin
a nuestro tiempo vital.

Siento profunda pena
cuando esos sabios,
disfrazados por la ignorancia,
son abandonados a su suerte,
como trastos viejos
arrumbados en el desván;
relegados, incomprendidos
por una sociedad hedonista e insolidaria.

Hoy quiero alzar mi voz:
«Lo importante no es la edad,
sino el uso que de ella hagamos».
¡Es tan corto este viaje!

Dejemos
que esos «niños mayores»,
a los que debemos tanto,
hagan de sus últimos años
algo extraordinario.

SOLEDAD

Apareces, cual océano,
en cualquier momento de la historia,
con nombre de mujer antigua
o, tal vez, moderna.

En ocasiones eres querida
y en otras despreciada,
pero siempre estás latente
en nuestras vidas.

Te engalanas
como pavo real.
o te ocultas tras los ventanales.

Alzas tu voz
como tenor en la ópera,
o callas y enmudeces
cual cotorra herida.

Te muestras tímida,
avergonzada,
mas para la reflexión e inspiración
eres buscada.

Recorres nuestro espacio vital
de forma caprichosa,

ora sonriente,
ora apenada y compungida.

Como en una partitura musical
o en un monólogo poético,
tu silencio es
significativo y elocuente.

En ciertas etapas de la vida
eres injusta, intolerable;
te manifiestas toda ufana
a mayores y desvalidos,
convirtiéndote
en pandemia contemporánea.

Eres reflexiva, inteligente,
o impuesta y tenebrosa;
luz del día o noche cerrada.

¡Soledad!,
«centro del mundo», como diría Brines,
quiero que me halles
cuando te busque
y desterrarte
cuando me cojas por sorpresa,
mas cuando quiera abrazarte,
que estés conmigo, morena.

LA DUDA

Me vienen a la memoria
acordes de una canción de juventud:
«Lo dudo, lo dudo, lo dudo».

En mi época estival,
el dogma, la seguridad,
eran atributos celebrados por mí;
hoy, en el otoño vital,
se me muestra la duda
con connotaciones cartesianas;
instrumento para llegar
a la certeza,
principio de la sabiduría,
«escuela de la verdad»,
según la cita baconiana.

Dudar es de sabios.
La ignorancia
induce al dogmatismo ciego.

Ya Wilde señaló:
«Creer es muy monótono,
la duda es apasionante».

Mas la duda,
prolongada y obsesiva,

es como un huracán
que destroza
cuanto se opone en su camino,
que arranca
de cuajo puertas y ventanas,
dejando nuestra casa
al albur
de ladrones y ocupas,
arrebatándonos
nuestras pertenencias más queridas.

Ahora, desde el ocaso,
¡oh, duda!
Paloma mensajera
o buitre carroñero,
permíteme dudar,
ma non troppo.

LA NOCHE

Naces con el ocaso
y mueres al alba,
mas tu vida no es breve;
ocupas un tercio
de la jornada de los mortales.

Fiel esposa del día,
al que aguardas en casa
puntualmente
a la hora de la cena.

Te pavoneas,
te muestras irresistible
con tu traje dorado púrpura,
cuando apagas la luz
de la naturaleza
y enciendes las lámparas
de artificio.

A veces confundes a los humanos
y otrora los transformas.

En tu estancia
todos los gatos son pardos
y las almas se desinhiben
de sus prejuicios.

Tímida y silenciosa
por naturaleza;
valiente y ruidosa
por antonomasia.

Descanso del guerrero,
sueño de los enamorados,
despertar de los marchosos.
Espacio donde la música
suena a paraíso celestial.

Espejo que refleja
las luces de la ciudad,
apareándose
con el manto estelar del firmamento.

Horas en que la sensualidad
se derrocha a borbotones,
y los amantes
juegan a quererse entre bambalinas
con promesas que de día
no se atreverían.

Musa que inspira
a poetas y artistas.

¡Noche,
si tú hablaras,
cuánto contarías…!

LA MUERTE

Quién eres tú,
que infundes respeto, miedo…

Que todos te tienen en mente,
mas no se detienen a hablar contigo.

Que entre todas las religiones
eres dogma infalible:
Certus an et incertus quando.

Que llegas siempre a tu hora,
aunque sin previo aviso.

Que no te dejas sobornar;
no transiges, ni convenias.

Que no distingues entre
virtuosos o pecadores,
potentados o indigentes.

Quién eres tú,
que atemorizas a abuelos y a infantes,
a eruditos y a legos.

Que eres tan cruel,
que a veces hasta eres deseada.

Que cuando tu reloj se adelanta
eres tremendamente injusta.

Que en tiempos de pandemia
estás muy ocupada.

Que por más que se te conoce
te disfrazas con múltiples ropajes.

Que todos imploran amnistía,
o una segunda oportunidad.

Quién eres tú,
que desafías a la medicina,
a la ciencia,
a la inteligencia humana.

Que eres motivo de admiración,
de culto,
y has inmortalizado
tantos momentos históricos.

Que dejas tu impronta
y te publicitas con pomposidad
en las esquelas de los periódicos.

Que conviertes en arte
la fría arquitectura de los cementerios.

¡Oh, muerte!,
contrapunto del nacimiento
y cenit de la vida,
musa de poetas y pintores,
¿quién eres tú?

UN FUNERAL

Tañen las campanas,
doblan a muerto.
El cortejo fúnebre,
cual desfile militar,
se desparrama calle abajo
camino del cementerio.

Un color de luto,
negro,
y un silencio
sepulcral
recorren el ambiente.

El cielo,
otrora azul,
se torna en gris plomizo,
como plañidera
acompañando al óbito.

Los escasos rayos
del sol vespertino
lloran sobre el féretro.

Los dolientes,
como infantería
en primera línea de fuego,

con rostros desencajados,
cargados de lágrimas,
ocupan un lugar preeminente.

La viuda,
oculta tras unas gafas oscuras,
reprime unos entrecortados sollozos,
exponiendo su dolor
con el pensamiento puesto
en el devenir de su vida.

Las amantes del finado
en un lugar alejado
disimulan su adiós,
imaginando lo que pudo haber sido
y no fue.

Los hijos,
arropando a la madre,
piensan ya en la herencia del padre.

Los acompañantes
cumplen una función social
con sentimientos encontrados.

El sacerdote,
como maestro de ceremonia,
implora un réquiem
por el descanso del difunto.

Y el fallecido,
protagonista principal,
vestido con sus mejores galas,
se despide de la inmortalidad
rumbo al infinito,
sumido en el sueño eterno.

Una sinfonía
de violines, trompetas,
y un coro angelical
ponen el broche
a esta alegoría fúnebre.

A LOS QUE SE HAN IDO

Cuando vuelvo la vista atrás,
diviso fotogramas repletos
de personas, familiares y amigos
que ya se han ido.

No son solo recuerdos;
son vivencias, conversaciones,
abrazos, besos,
amores sublimes y terrenos.

Intento retener sentimientos,
emociones, risas y llantos
que inexorablemente se han esfumado
en el devenir de mi existencia,
como hojas caídas del viejo roble
en la estación otoñal.

¡Dios, cuánto los echo de menos!
Quisiera decirles tanto…
abrazarles, besarles,
expresarles el cariño, el amor,
tantas veces omitidos.

Y aunque me asalta
la duda del reencuentro,
no quiero cejar en mi empeño.

Por ello,
cuando marche también
hacia la casa de al lado,
la del eterno sueño,
que nadie diga como Bécquer:
«¡Dios mío, qué solos
se quedan los muertos!».
Que la expresión sea:
¡Ya está junto a todos ellos!

DESDE LA OTRA ORILLA

Desde la otra orilla
diviso tu mundo oscuro,
del que no ha mucho
partí sin billete de vuelta.
Pretendo percibir los olores
de esa tu tierra,
antes la mía,
mas no consigo recobrarlos,
ni siquiera en mis vagos recuerdos.

A veces me parece oír,
o quizás lo presiento,
la risa de los niños,
el llanto de los desamparados,
el quejido de los enfermos,
las protestas de los manifestantes,
en perfecta desarmonía,
cual orquesta sin director,
con el ruido de los humanos.

Mis pensamientos
ya no son tus pensamientos;
tu cuerpo ya no es mío,
y el mío…
En esta orilla no hay cuerpos,
ni materia terrenal.
Todo es puro «ser»,

«SER» con mayúsculas,
perfección y armonía
bajo la ingravidez
y la atemporalidad;
el reloj no existe,
la levedad del ser es soportable.

Nos separa el río grande,
río de la inmortalidad,
al que hemos de cruzar
desnudos del materialismo,
egoísmo, hedonismo
y demás «ismos»,
que tanto daño hacen a la humanidad;
sin equipaje alguno,
no se va a necesitar.

En esta mi orilla
«se es»,
no «se está», ni «se tiene»;
se trasciende
cerca de la divinidad;
todo en permanente luz,
gozo y paz.
Desde esta orilla
observo el río fluir
plácido, mansamente;
en tu orilla
el río baja muy revuelto.

Cuando llamen a tu puerta
para el eterno viaje,
yo, amada mía,
guiaré tu barca
camuflado de barquero de la vida;
cruzaremos las olas salvajes
de «ese» tu mundo;
alumbraré la negritud
de tu horizonte sombrío;
pondré tu música favorita
para silenciar el terrenal ruido
y así…
hasta alcanzar un plácido
sueño profundo.
Y yo, desde la otra orilla,
con los brazos extendidos
estaré aguardándote
para que vuelvas conmigo.

PARTE III

«PERSONAS Y LUGARES»

PARA GELI

Llegaste a mí
en una noche de verano,
noche de plenilunio,
ante la atenta mirada
de una luna enamorada,
cómplice
y testigo único
de nuestro encuentro de amor.

Los cuerpos semidesnudos
de dos jóvenes
embriagados por el perfume de Cupido
se fundían en uno solo,
en común unión
ante el universo sideral.

¿Quién diría que ese sería
el germen de nuestro compromiso formal,
la piedra angular de un amor
que iba a perdurar hasta la eternidad?

Hoy, desde el ocaso,
rememoro ese
y tantos otros encuentros,
una historia repleta de felicidad,
junto a ti, mi vida,

faro, luz que me ilumina
y me hace brillar.

Eres el sol
que me calienta;
el agua
que sacia mi sed;
el aire
que respiro;
la música
de la partitura de mi vida

Tú, amada Geli,
me haces ser mejor.

Eres la musa
que inspira hasta mis pensamientos;
la madre
de mis dos hermosos vástagos,
por los que darías hasta tu propia vida.

Hoy quiero renovar
aquel compromiso
y agradecerte tanto…

LA NIÑA DE MIS OJOS

Aún no has llegado
y ya te presiento.
Tengo celos
del sentir de la embarazada
en el seno materno.
Tus ansias de transitar
de ese vergel placentero
hacia este nuestro loco mundo
se funden con mi anhelo,
expectante
con tu encuentro.

Cuando esto suceda,
te recibiré
ensimismado,
con los brazos abiertos,
y te erigirás
en la antorcha
más hermosa
que brille en el firmamento.

El dios Zeus y tus padres
te guiarán
en este periplo incierto.
Serás la alegría,
la partitura musical

de cuantos te queremos;
el verso, el poema,
la musa,
la luz que me ilumine
hasta la partida
hacia la casa
del eterno sueño;
y allí,
desde la otra orilla,
sentiré saudade
de la niña de mis ojos,
la de los ojos bellos.

EL ABUELO MANUEL

Buscando en el baúl de mis recuerdos,
encuentro a menudo retratos tuyos,
estampas de mi infancia
carcomidas por el tiempo;
sentimientos de admiración y orgullo,
de nostalgia, de felicidad,
de mucho amor.

De amaneceres antes de pintar el alba,
al primer canto del gallo,
aparejando la mula torda,
junto a la perrita Paloma,
con el adiós de María,
tu esposa;
antes de partir a Peñas Blancas,
tus campos del alma,
tu rutina diaria;
arduas faenas agrícolas
con las que ganarte tu jornal.

Trabajo duro donde los haya
por esos terrenos escarpados,
y los sinsabores del tiempo
por los gélidos inviernos,
y los sudores del verano,
que transforman tu rostro de galán
en centenario.

Lejos del mundanal ruido,
recluido en un retiro monacal,
sin música de fondo,
solo los cantos de los pájaros,
el silbido del viento,
el sonido del azadón
al penetrar en la tierra.

En permanente contacto
con la madre naturaleza,
tiempo para pensar y soñar
que te formará,
cual universidad de la vida;
la otra
no tuviste oportunidad de pisar.

Largas tertulias
en las tardes de domingo,
único día de descanso,
en el bar de tu hija,
María, mi madre,
con un chatito de vino
blanco,
cubierto con un sombrero
negro,
que oculta tus mechas de cabello
plateado.

Como maestro de ceremonias,
me relatas historias,

experiencias vitales,
y yo,
inexperto adolescente,
embriagado por tu verbo,
me transporto a otros tiempos
y lugares,
como si de una fábula se tratase.

Abuelo,
el día que te marchaste,
junto al tañer
de las campanas de la iglesia,
se rompió mi corazón
en borbotones de llantos.
Hoy,
después de tantos años,
rebuscando en el viejo
arcón de los retratos,
de bruces
me he encontrado
con tu imagen radiante,
sentado a la mesa
junto a tus hijos,
que también nos han dejado.

Abuelo Manuel,
no olvides a tus nietos,
ahora huérfanos
y desamparados;
que tus sabios consejos

abran nuestros corazones
en este tránsito amargo,
hasta nuestra mudanza
a la habitación de al lado.

Pronto Federico

Pronto levantó el vuelo
la alondra tempranera.
Pronto levó anclas
y zarpó tu barco
hacia un ignoto destino;
tan pronto
que no pude despedir
a mi paisano,
a mi amigo.

Hoy añoramos
tu presencia
y lloramos
tu ausencia.

Por la ladera bajan
caballos ennortados
relinchando, gimiendo,
con trote irregular
y ojos ensangrentados,
huérfanos de su jinete,
de su jinete amado.

La cornada de un miura,
de un miura descastado
ha intentado truncar la obra

de un torero de la vida,
de un hombre cabal
por los cuatro costados.
Amigo de sus amigos,
familiar, emprendedor,
honrado.

Mas tengo la convicción
de que tú,
desde la otra orilla
a los que te apreciamos
nos seguirás asegurando,
con el seguro
de reencontrarnos.
Y brindaremos juntos,
y cabalgaremos
a lomos de tus caballos,
por la gran feria,
la feria del pueblo de al lado.

A Sayalonga, mi pueblo

Sayalonga,
larga túnica romana
blanqueada por la cal de tus entrañas,
tendida sobre la falda de La Rábita,
tu monte favorito;
flanqueada y protegida
por fornidos guardaespaldas:
Bentomiz y las sierras Tejeda y Almijara,
que en las aguas del Cájula tu sed sacias.

Estirpe
de romanos, árabes y cristianos,
de hombres y mujeres humildes,
pero cabales y honrados,
orgullosos de caminar siempre a tu lado.

Tierra
otrora rica en olivos,
vides, almendros y frutales;
tornada ahora en nísperos,
aguacates, mangos
y demás frutas tropicales.
La faz de tu rostro ha cambiado
del verdor de las viñas y la cal de los paseros
al color arco iris de tus huertos placenteros.

Madre
generosa con tus hijos y visitantes,
presta siempre a ofrecerles tus manjares cotizados:
el caldo de las vides,
el néctar de los nísperos dorados.

Casa
y cortijo de propios y foráneos,
que nos cobijas bajo el manto santo
de nuestra Virgen del Rosario.

Cuna
de mi propia cuna,
refugio de mis añoranzas.
Aún guardo en la retina
cuando de niños jugábamos
en tus calles y plazas,
y resuena en mi memoria
el repicar de tus campanas.

Sayalonga,
hoy quiero confesarte algo:
siento nostalgia de nuestro tiempo pasado,
y cuando me alejo de ti,
te extraño,
mas siempre seré embajador
de este mi pueblo amado.

AL SEMINARIO

Seminario,
semillero y germen de hombres,
de sacerdotes e incluso de santos.

Tu propia orografía,
erguido en la cima del camino de los almendrales,
entre el monte de las tres letras
y el de la ermita del Calvario,
delata tu identidad
entre la tierra y el cielo
entre lo divino y lo humano.

+Atalaya
de altos vuelos,
fortín inexpugnable
donde no ha lugar
al desaliento ni al desencanto.

Lugar santo
y al mismo tiempo profano,
de oración, de meditación,
de alegrías, de llantos.

Manto
que acoge y cobija
a cuantos tu auxilio demandamos.

Sinfonía
de bandurrias, laudes, guitarras,
de órgano, de piano,
de música del mester de clerecía,
de canto gregoriano
y, por qué no decirlo, también de profano.

Fuente
y abrevadero donde nuestra sed saciamos.

Cuna
de teólogos, filósofos,
científicos, maestros, poetas,
músicos, juristas, empresarios,
de profesionales de todos los gremios,
de hombres de bien, al fin y al cabo.

Esposo
casado con María,
madre de los desamparados,
la virgen de los recreos,
del mes de las flores, de mayo.

Padre de abundante prole,
católicos y romanos,
infieles o agnósticos,
pero generosos y ufanos,
que hoy queremos agradecerte
tu magnánima mano

por habernos abierto las puertas,
las puertas de tu santuario.

Con el ruego de que enciendas tus velas
y volvamos a encontrarnos.
¡Que suene de nuevo tu música!
¡Que se esparza tu incensario!
¡Que tu amor renazca esculpido
en las estatuas de nuestras vidas
y en las de nuestros hermanos!

MÁLAGA, MI CIUDAD

Naciste al pie de la ladera
del «Monte del Faro» (Gibralfaro);
como joven lozana,
creciste a lo largo de la ensenada
de la bahía mediterránea.

Pedacito de mar y tierra
ungido por los dioses,
mimado por la madre naturaleza;
te pavoneas ¡tú, Málaga!,
cual paloma picassiana,
alzando las alas al cielo,
pregonando tanta belleza.

Flamenca y torera
en tu juventud;
refinada en la madurez,
convirtiéndote en ciudad cultural,
de los museos, *smart city*.

Disfrutas de la tierra,
del mar
y de tu clima sin igual;
de los espetos de sardinas,
boquerones, conchas finas;
gazpachuelo, ajo blanco,
vino moscatel…

Devota y religiosa
en Semana Santa,
ornamentada con túnicas sagradas,
perfumada con incienso y romero;
bailaora y pagana
en tu feria
de corto y faralaes,
al olor de las biznagas,
del rebujito fresco,
néctar de los humanos.

Multicultural por tu historia,
fenicia, romana, árabe, cristiana:
teatro romano, Alcazaba,
mercado de Atarazanas
y tu catedral, «La Manquita» llamada.

Símbolo de la Babel moderna,
crisol de múltiples lenguas,
que acoges por igual
a propios y foráneos.

Piruleta feliz,
fábrica de sueños,
musa de artistas y poetas.

Patena de plata
al caer la tarde en el puerto,
con la farola,
testigo del matrimonio

entre la mar y el cielo
en el ocaso.

«Ciudad del Paraíso»
te bautizó Aleixandre,
donde yo quiero morir,
no sea que en el más allá
no te halle.

Málaga,
plasma en el Monte de las Tres Letras
las «Aes» de tu nombre,
que delatan tu esencia:
    Amiga
    Atractiva
    Auténtica

Sobre el autor

José de Vicente García (Sayalonga, Málaga, 1952). Licenciado y Doctor en Derecho. Ha ejercido diversas profesiones: militar de carrera (retirado), magistrado (en excedencia) y funcionario de habilitación nacional, habiendo prestado servicios como interventor y tesorero en ayuntamientos y entes supramunicipales.

Profesor de Derecho Financiero y Tributario de la Universidad de Málaga, en la actualidad es profesor honorario de dicha universidad.

Autor de multitud de publicaciones y diversas monografías de contenido jurídico, sobre todo en los ámbitos del derecho administrativo y financiero y tributario.

Es, además, miembro de la Unión Iberoamericana de Municipalistas (UIM), en la que ostenta el puesto de vicesecretario, y asesor y colaborador de instituciones y gobiernos locales, especialmente en estados iberoamericanos.

Renacer desde el ocaso es su ópera prima.